Biografías de triunfadores

Christa McAuliffe

Hacia los astros

Patricia Stone Martin

ilustraciones de Karen Park

Versión en español de Argentina Palacios

THE ROURKE CORPORATION, INC.
VERO BEACH, FL 32964

Library of Congress Cataloging-in-Publication Data

Martin, Patricia Stone
   [Christa McAuliffe. Spanish]
   Christa McAuliffe: hacia los astros/ Patricia Stone
Martin; versión en español de Argentina Palacios.
   p. cm. — (Biografías de triunfadores)
   Traducción de: Christa McAuliffe.
   Resumen: Sigue la vida de la mujer seleccionada
como la primera maestra en el espacio y su trágica
muerte en la explosión del transbordador espacial
Challenger. Incluye información para imponerse metas.
   ISBN 0-86593-189-5
   1. McAuliffe, Christa, 1948-1986 — Literatura
juvenil. 2. Astronautas — Estados Unidos — Biografía
— Literatura juvenil. 3. Maestros — New Hampshire
— Biografía — Literatura juvenil. 4. Challenger (nave
espacial) — Accidentes — Literatura juvenil.
[1. McAuliffe, Christa, 1948-1986. 2. Astronautas.
3. Maestros. 4. Challenger (nave espacial)—
Accidentes. 5. Materiales en español.] I. Título.
II Serie.
TL789.85.M33M3718   1992
629.45'0092—dc20
[B]   92-9860
                                    CIP
                                    AC

Christa Corrigan se paró en una silla, pegó una estrella en el cielo raso, echó una mirada a una amiga y le dijo: "Voy a alcanzar las estrellas".

Eso sucedió en 1959, cuando Christa tenía 11 años y estaba en una clase de sexto grado para alumnos sobresalientes. El programa espacial de los Estados Unidos, regentado por la National Aeronatics and Space Administration (NASA) apenas empezaba. Christa y sus compañeros estaban colgando planetas y estrellas en el cielo raso.

Christa se bajó de la silla y se sentó junto a la maestra y otras compañeras. Hablaron de ser maestras cuando fueran mayores. Once años después, Christa se graduó de maestra. Quince años más tarde, la eligieron para ser la primera maestra en el espacio.

Sharon Christa McAuliffe nació el 2 de septiembre de 1948 en Framingham, Massachusetts. Era la mayor de los cinco hijos de Edward y Grace Corrigan.

En la secundaria, Christa conoció a Steve McAuliffe y se enamoraron. Después de la secundaria, asistió al Framingham State College, de donde se graduó en 1970. Ese mismo año se casó con Steve.

Después empezó a trabajar en una escuela. También tuvo un bebé a quien pusieron de nombre Scott. En 1978 se graduó otra vez, de Bowie State College. Entonces Christa, Steve y Scott se mudaron a Concord, New Hampshire. Poco después, tuvo una niña; la llamaron Caroline.

Primero fue maestra en una escuela intermedia. Después fue maestra de estudios sociales en la Concord High School. Cuando decía a sus alumnos "Alcancen los astros", les estaba enseñando que no hay que tener miedo de soñar. A veces Christa y Steve invitaban a niños pobres a su casa porque ambos querían ayudar a los niños.

En 1985, se le presentó la oportunidad de alcanzar los astros cuando se enteró del programa de "maestro en el espacia". En enero se registró para el programa, ¡lo mismo que 11,000 maestros más!

Ese abril, la eligieron para el programa, junto con otros 113 maestros. Para el verano, quedaban sólo diez y Christa estaba en la lista.

Los diez maestros fueron al Johnson Space Center en Houston, Texas para el adiestramiento. Se levantaban a las 6 de la mañana todos los días. Hacían ejercicios en máquinas. Los metían en sacos de tela para ver si se sentían incómodos en lugares pequeños y oscuros. Cada uno tuvo que hacer un discurso. Un día tuvieron que subir y bajar 40 veces en un avión de adiestramiento. Se hicieron ingrávidos, es decir, no tenían peso y flotaban en el aire. En el espacio, el ser humano se hace ingrávido y no todo el mundo puede soportar esa sensación.

Finalmente, el 19 de julio de 1985, invitaron a los diez maestros a la Casa Blanca en Washington, D.C. Sólo uno iba a salir elegido para ser el primer maestro en el espacio. Anunciaron a la sub ganadora, Barbara Morgan, y después a la ganadora, ¡Christa McAuliffe!

La emoción fue tan grande que lo único que supo decir fue: "No es a menudo que una maestra no encuentra las palabras". Allí recibió un trofeo que tiene a un niño mirando a una maestra. La maestra se ve mirando hacia los astros.

Entrevistaron a Christa por televisión. En el desfile que hicieron en su honor en Concord, iba en un auto con Scott y Caroline. Todo el mundo estaba entusiasmado y contento por lo que le había sucedido a Christa.

Después volvió al adiestramiento porque para ser astronauta hay que trabajar muy duro. Aprendió muchas cosas nuevas y preparó lecciones escolares. Tenía planes de dar dos clases desde el espacio.

En las clases diría cómo se siente uno en el espacio y qué aspecto tiene ese espacio. Una conexión especial de TV transmitiría las clases en la Tierra. Los niños de todo el país la verían y la oirían.

Tiempo atrás, las pioneras se iban al oeste en carretas con toldos. Christa se sentía como una de esas mujeres. Aquéllas iban a un nuevo lugar y ella también. A su regreso hablaría sobre eso.

Por fin llegó el día del lazamiento. Christa y los otros seis astronautas iban a despegar en el transbordador espacial Challenger. Estaban listos y a la espera en el Kennedy Space Center en Florida, pero los científicos de la NASA pararon el lanzamiento varias veces porque algo andaba mal.

El 28 de enero de 1986 fue un día frío en Florida. Según algunos, se debía posponer el lanzamiento porque el frío lo hace peligroso. Otros dijeron que no había problema y que se debía continuar. Finalmente, las autoridades de la NASA decidieron seguir adelante.

Los siete astronautas salieron en fila. Christa sonreía e hizo la señal de "arriba" o "adelante". Steve, Scott y Caroline habían ido a Florida para ver el lanzamiento. Caroline tenía entonces seis años. Los padres de Christa y unos amigos también se hallaban presentes.

En todas partes había gente frente a los televisores. En los salones de clase los niños estaban viendo. En la Concord High Scool había un entusiasmo indescriptible. Los alumnos llevaban sombreritos de fiesta, hacían sonar matracas y tenían listas las banderolas. ¡Pronto una de sus maestras iba estar en el espacio!

El blanco transbordador espacial despegó. Ascendió por el cielo azul. Y de repente, estalló en nubes anaranjadas y blancas. Los pedazos del transbordador tomaron distintas direcciones en el cielo. Al principio, ninguno de los espectadores podía creer lo que había visto. Nadie podía entender lo que había sucedido.

19

Christa y los otros astronautas murieron en la explosión. El país entero se sumió en la tristeza. Pero todo el mundo sentía orgullo por la valentía que demostraron. El programa espacial va a continuar y algún día otra maestra irá al espacio.

A sus alumnos, Christa les decía: "Sea lo qe sea, hay que hacer la prueba". Es que ella misma no tenía miedo. Y solía decir: "Uno puede hacer más de lo que uno se imagina". Christa McAuliffe alcanzó su meta: se dirigió hacia los astros.

Sugerencias para triunfar

¿Cuáles son tus metas? Estas sugerencias te pueden ayudar a alcanzarlas.

1. Decide cuál es tu meta.

Puede ser una meta a corto plazo, como una de éstas:

aprender a montar en bicicleta

obtener una buena nota en una prueba

mantener limpio tu cuarto

Puede ser una meta a largo plazo, como una de éstas:

aprender a leer

aprender a tocar el piano

hacerte abogado o abogada

2. Determina si tu meta es algo que realmente puedes alcanzar.

¿Tienes el talento necesario?

¿Cómo lo puedes averiguar? ¡Haciendo la prueba!

¿Necesitas equipo especial?

Tal vez necesitas un piano o patines de hielo.

¿Cómo puedes obtener lo que necesitas?

Pregúntaselo a tu maestra o a tus padres.

3. Determina lo primero que debes hacer.
Podría ser tomar clases.

4. Determina lo segundo que debes hacer.
Podría ser practicar todos los días.

5. Empieza enseguida.
Sigue fielmente el plan hasta que alcances la meta.

6. Dite siempre a ti mismo o a ti misma: —¡Puedo lograrlo!

¡Buena suerte! Tal vez algún día puedas ser maestro o maestra en el espacio.

Serie Biografías de triunfadores

Hans Christian Andersen
Vida de cuento de hadas

Henry Cisneros
Alcalde trabajador

Beverly Cleary
Hace divertida la lectura

Michael Jordan
Compañero de equipo

Christa McAuliffe
Hacia los astros

El Dr. Seuss
Lo queremos